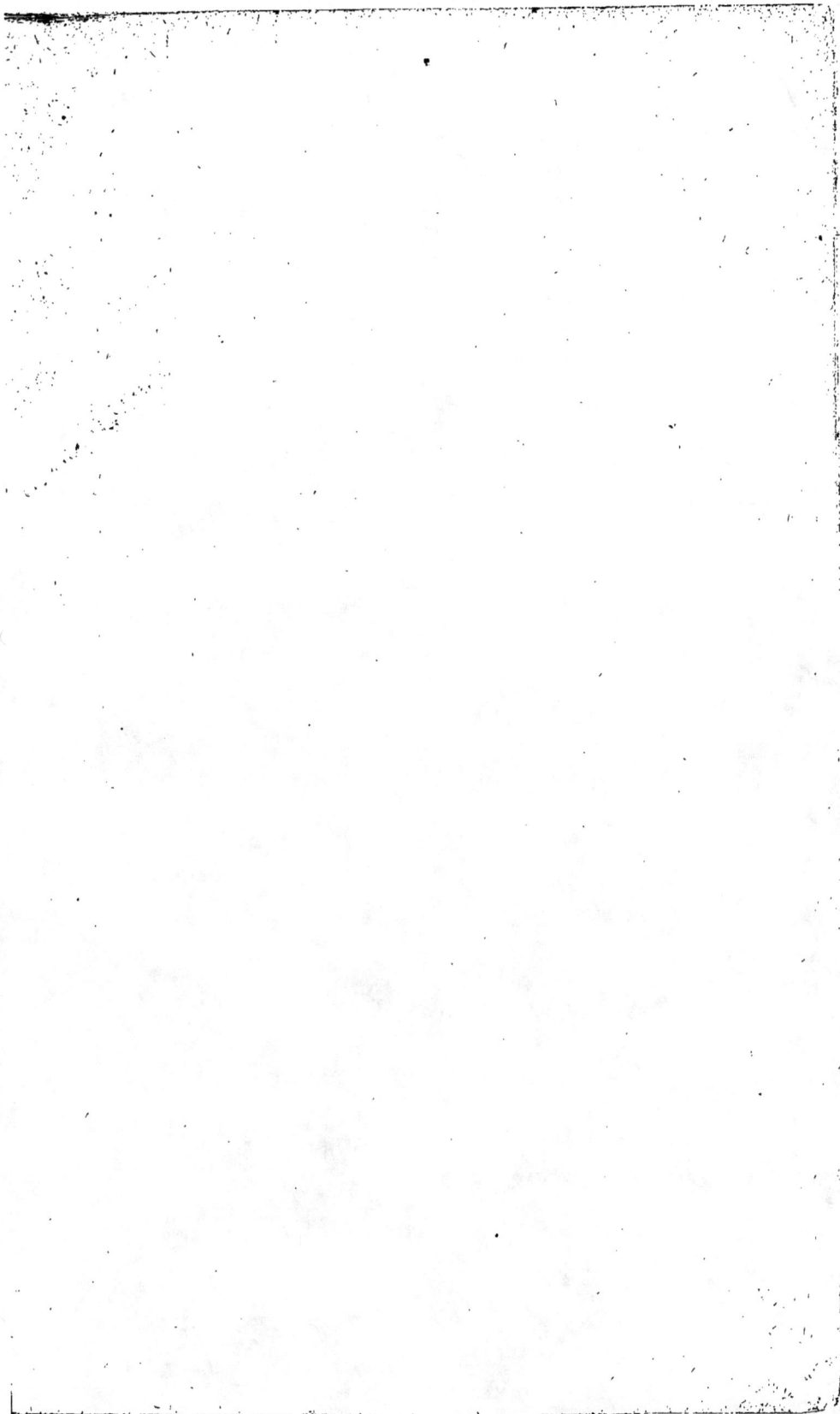

7

LK 1578.

EXPOSÉ DES MOTIFS

ET

CAUSES

Propres à déterminer la Fabrique de
l'Église de Callas à reconstruire
à plein la dite Église.

PAR

H. F.

DRAGUIGNAN,
Imprimerie de P. Garcin, rue Porte de Trans, 15.

———

1844.

A Messieurs les Membres de la Fabrique de Callas,

MESSIEURS,

S'il ne s'agissait que de vous démontrer, à vous seulement, la nécessité de la reconstruction à plein de notre église, pour le fait de sa contenance insuffisante aux besoins de la population de notre pays, ma tâche serait facile et bientôt remplie, je n'aurais qu'à mettre sous vos yeux ou à vous rappeler le tableau tumultueux que présente l'église de Callas à l'occasion des principales fêtes, lorsque les femmes seules occupant la principale nef et la chapelle du Rosaire, presque toute l'église en un mot, se disputent les places, se heurtent, contestent entr'elles et donnent lieu à des scènes inconvenantes.

Mais une conséquence, suite nécessaire de votre résolution à prendre au sujet de la reconstruction de l'édifice dont s'agit, devant être qu'elle soit mise plus tard sous les yeux de l'autorité civile du lieu, sous ceux de l'autorité supérieure ecclésiastique et même du gouvernement du roi des Français, pour obtenir leur assentiment, et de plus de ce dernier, des secours pécuniaires propres à ammener un résultat moins éloigné et plus satisfaisant, il est à propos, il me semble, de vous présenter la plupart des faits qui viennent à l'appui du fait sus dit, pour que se corroborant les uns par les autres, il reste démontré à vos yeux et postérieurement à ceux à qui de droit communication de votre délibération prise sera faite, qu'il est indispensable de décider que l'église de Callas doit être reconstruite à plein et par suite qu'il doit être avisé aux voies et moyens à prendre pour amener la réalisation de cet important projet.

En conséquence, je commence par établir que le sanctuaire, surtout depuis qu'on a construit, dans son enceinte, en avant de l'ancien autel, un nouvel autel, véritable hors d'œuvre, en pierre et plâtre, depuis qu'on y a transporté le lutrin ainsi que les deux stalles des prêtres, se trouve si rétréci qu'on peut à peine s'y tourner lors des principales cérémonies, ce qui est à tel point, que quand le prêtre disant la messe, se trouve au bas du marche pied de l'autel, sa soutane déborde presque le plus haut degré de l'escalier du sanctuaire.

Devrai-je aussi vous faire remarquer que vous avez dû renoncer à vous présenter comme fabriciens, le cierge en main, lors de certaines solemnités, autour du grand autel, circonstance très propre à leur donner du relief, je ne vous apprendrai rien qui ne vous soit connu et que vous ne dé_ ploriez. Je me bornerai seulement à mettre sous vos yeux la position si peu séante du lutrin, relégué dans un coin du sanctuaire; c'est à peine si trois personnes peuvent se placer au devant, et encore sont-elles obligées de s'agencer mutuellement pour que le regard de deux chanteurs puisse se porter sur le pupitre par dessus les épaules de son voisin.

Venons à présenter maintenant et à apprécier l'état des places dans l'intérieur de la nef unique et de la chapelle du Rosaire attenante : vous savez ce qu'il en est. Quatre cents chaises au plus d'une dimension moindre qu'il ne faudrait, serrées les unes contre les autres, en recouvrent la surface depuis le dernier degré du sanctuaire jusqu'à trois à quatre mètres de la grande porte, seul espace laissé aux personnes qui n'ont pas de chaises et reservé libre, d'autre part, pour la présentation des morts et former un intervalle nécessaire en avant des fonts batismaux ; et s'il est vrai qu'il est bien de femmes qui se placent dans le couloir ou l'avenue du milieu de l'église, je ferai observer que c'est pour se trainer par terre, y être foulées, salies par les passans, encombrer le passage et mettre obstacle aux processions et aux communications nécessaires, ce qu'on ne peut que regretter.

Or, si calcul fait, quatre cents femmes trouvent place sur des chaises, une centaine dans les passages, il en est un fort grand nombre, deux à trois cents, je pense, qui se trouvent exclues de l'église dans les grandes solemnités, ce qui est déplorable à tous égards, puisque n'y pouvant trouver place dans ces occasions, il doit s'en suivre que se souciant de moins en moins, par le laps de temps, de s'y rendre les dimanches ou jours de ferie ordinaire, elles contractent l'habitude de ne plus y venir, et les suites, elles ne peuvent manquer d'être graves; il suffira de dire que souvent le dimanche pendant l'hiver, durant les offices, il se rencontre des femmes jouant aux cartes sur la voie publique exposées au soleil.

La position des petites filles au sein de l'église n'est guère non plus propre à les y attirer : quand elles ne font pas partie de l'école, disseminées par ci par là, elles échappent à toute surveillance; et si les filles de l'école sont surveillées avec attention, placées comme elles sont dans un coin de la chapelle du Rosaire, sous l'escalier de la nouvelle tribune, dans un espace restreint d'où elles ne peuvent qu'à toute peine apercevoir le grand autel, elles ne peuvent être plus mal placées. Il en est presque de même pour les filles de l'école payante qui obstruent l'avenue de l'autel du Rosaire au point que les processions ne peuvent qu'à peine se frayer un passage à travers leurs rangs.

Venons-en aux garçons. Ceux qui sont livrés à eux-mêmes trouvent leur place sur les degrés de l'escalier du sanctuaire où ils peuvent être surveillés : mais au moment du passage d'une procession où toute les fois que les fidèles viennent se présenter à la sainte table, contraints de se jeter dans l'avenue, sur les côtés, où ils peuvent, ils se heurtent et commettent des inconvenances.

Pour les jeunes garçons d'un âge plus avancé, au temps même qu'ils suivent leur première communion, ils ne trouvent aucune place convenable nulle part, forcés de se tenir au bas de l'église vers la grande porte et là distraits par bien de causes, par leurs propres espiégleries, ils assistent aux offices sans y prendre part, ni goût, ce qui, bientôt après, quand leurs parents ne les surveillent pas, les pousse à s'en éloigner de plus en plus. C'est ce qu'on peut dire aussi de ceux qui montent à la vieille tribune, se mêlent parmi les hommes et bravent souvent leurs remontrances.

Les garçons de l'école gratuite ne sont guères non plus dans une position meilleure : n'ayant pu leur trouver une place favorable dans l'intérieur de la nef de l'église; on a

dû les reléguer dans la nouvelle tribune où ils dominent de
haut en bas la grande nef et même le grand autel , position
irrévérencieuse , tout-à-fait impropre à inspirer le respect
et la dévotion : notez qu'étant placés sur trois rangs , il
n'est que le premier rang qui puisse porter ses regards sur
le grand autel , qu'éloignés du chœur ils ne peuvent prendre part aux chants de l'église avec suite ni à propos.

Toute l'église est occupée , le sanctuaire , la nef comme
la chapelle du Rosaire , les coins, recoins , comme les cou_
loirs; que deviennent donc les hommes? C'est ce dont nous
allons traiter.

Hors le banc de l'œuvre , celui du purgatoire et quelques
bancs de confréries, où peuvent se placer une vingtaine d'hommes il n'est aucune place propre aux hommes dans la grande
nef et dans la chapelle attenante; tous à peu de choses près
se trouvent forcés de se réfugier dans la vieille tribune ou
au devant du tambour de l'église dans un espace très circonscrit, ce qui est à déplorer sous tous les rapports, attendu
que dans cette position ils peuvent à peine entendre la pa-
role de Dieu, prendre part aux chants des grandes messes,
à ceux des offices; que pour ainsi dire inaperçus dans l'église,
leur présence , leur exemple restent sans influence , et que
chez bien d'entr'eux l'apathie, l'indifférence réligieuse pre-
nant de plus en plus de la consistance , ils finissent par
s'éloigner de l'église ou n'y paraissent que de loin en loin,
lors des grandes solemnités et de là Dieu sait ce qui s'en suit.

Mais on dira peut être, cela a-t-il été toujours de même?
ou comment ce changement en mal a-t-il pu s'opérer? in-
sensiblement. Jadis il existait un assez grand vide dans le
sanctuaire et au-devant un chœur spacieux. Sur son devant était le banc de l'œuvre, de l'espace libre aux environs , par côté se voyait le banc de la mairie où tout le

conseil municipal trouvait place dans les occasions et où se plaçaient dans le cas de non occupation un certain nombre d'hommes. Or, il s'ensuivait de là que les hommes étaient représentés dans le lieu le plus apparent de l'église, que ceux qui s'y plaçaient prenaient part aux chants religieux du jour, exemple qui devait avoir une heureuse influence, fait tout inverse de ce qui se passe actuellement, mal établi tellement en coutume, qu'on ne le sent pas, qu'on ne s'en formalise point, qu'on ne fait aucune réclamation à ce sujet; aussi est-ce, à mon avis, la raison majeure, la raison manifeste, le *nec plus ultra* des motifs qui doivent faire envisager la réconstruction de l'église, comme d'une absolue nécessité.

Cette grande raison, je l'apprécie encore par quelques autres considérations de moindre importance, mais qui peuvent servir à fortifier l'ensemble de tous les faits à l'appui de la résolution mise sur le tapis.

Et peut-on voir d'un œil indifférent la suppression du banc de la mairie qui a lieu par le fait, puisque ce n'est que dans des occasions d'apparat qu'on apporte dans un petit espace, devant l'autel de Saint-Auxile, un banc où le maire vient prendre place; cela se conçoit-il dans une ville où il ne se trouve que de Catholiques?

Sous le rapport général de la question, s'il pouvait m'être observé que les chaises des femmes, dans l'intérieur de l'église peuvent être occupées par les hommes de leur famille, ce qui est vrai pour un petit nombre, j'objecterai que c'est là presque une anamolie que quelques têtes d'hommes au milieu de la masse des femmes, que d'ailleurs, l'observation n'est pas valable, puisque si quelques hommes occupent quelques chaises au milieu des femmes, il est un nombre égal de ces dernières qui s'en trouvent exclues.

Nous avons considéré les places dans l'église relativement aux femmes, à leur nombre, à celui des garçons et des filles, reconnaissons maintenant si la tribune vieille est assez vaste pour contenir cinq à six cents hommes? Ce serait absurde que de le prétendre, car si à la rigueur on pouvait forcément y introduire ce nombre ce ne serait pas sans crainte que le plancher ne croulât sous leurs pieds. Par approximation calculée, c'est tout au plus si la vieille tribune peut admettre une centaine d'hommes et quel est ce nombre à l'égard du total des hommes du pays, un cinquième au plus.

Il est donc avéré que l'église de Callas ne peut admettre que les deux tiers des femmes, beaucoup moins de la moitié des hommes, que les jeunes garçons et les jeunes filles s'y trouvent dans une position fâcheuse à tous égards, et que les jeunes garçons de quinze ans et au-dessus, n'y peuvent, pour ainsi dire, trouver place aucune part.

Faudrait-il à présent déduire toutes les conséquences de cette situation des choses? Elles se présentent assez d'elles-mêmes, les faits sont là, et il est si facile de les apercevoir qu'il me semble superflu d'insister sur ce sujet; le moins qui doive s'ensuivre, c'est que les femmes, les hommes, les garçons, qui ne peuvent trouver place dans l'église, ou ne s'y placer que d'une manière incommode, doivent le plus souvent en prendre de l'humeur et s'éloigner de l'église; ou que si par bonne volonté ils s'y rendent dans les grandes solemnités, c'est pour s'y trouver dans une situation forcée, d'où s'ensuit bien de fois des scènes bruyantes.

Il est deux autres raisons indirectes propres à déterminer la reconstruction de l'église, qu'il me paraît à propos, de ne pas passer sous silence; les voici : l'église n'a pas de clocher proprement dit, ni de sacristie assez grande, et

même il ne s'y trouve aucun lieu propice qui puisse servir
de dépôt aux choses du culte et où l'on puisse établir les
armoires contenant le linge.

Le clocher existant est celui de la première église qui ne
pouvait offrir qu'une contenance propre à admettre trois à
quatre cents personnes, population présumée pour le temps
où elle fut bâtie ; construit avec de petites pierres de taille,
il repose pour ses trois quarts sur la voûte de l'église et pour
l'autre quart sur la muraille faisant la façade de l'entrée ,
ce qui a donné lieu à des écarts de muraille, tant dans la
voûte que dans les murs latéraux. D'ailleurs, le clocher ne
dépassant la voûte de l'église que de trois à quatre mètres
et se trouvant presque dominé par les maisons du quartier,
il s'ensuit que le son des cloches ne parvient point aux par-
ties de la ville les plus éloignées et l'on pourrait dire même
qu'on ne les entend pas de la moitié de la ville , raison de
nécessité pour décider la construction d'un nouveau clocher.

Pour la sacristie , elle est insuffisante manifestement ,
puisque quand cinq ou six personnes s'y trouvent ensemble,
elles se coudoient en tous sens : d'autre part, comme il faut
deux pièces dans une sacristie, une pour la prière et l'autre comme lieu propre à y conférer, il est reconnu qu'il
faudrait également reconstruire la sacristie de l'église de
Callas de façon à satisfaire à ces deux données, et à celle
d'y adjoindre un lieu de dépôt pour y placer les armoires
contenant le linge et les autres effets.

Ainsi, s'il faut penser à reconstruire le clocher, à bâtir
une nouvelle sacristie, deux faits donnant lieu à des dépenses considérables, ne parait-il pas rationnel de faire
concorder ces deux reconstructions avec celle de l'église
prise dans son ensemble, ou si non il devra arriver que tôt
ou tard quand le fait de la nécessité de la reconstruction de

l'église sera mieux sentie et comprise, il se trouverait assurément que ni le clocher, ni la sacristie construite à part, ne pourraient ni cadrer, ni se trouver en harmonie avec l'église à reconstruire.

La déduction naturelle de toutes ces vues, me paraît donc de ne point penser à construire ni un clocher, ni une sacristie, jusqu'à ce que la fabrique de l'église de Callas puisse se trouver en position convenable pour pouvoir réaliser la reconstruction de l'église dans son entier.

Nous avons vu combien il serait à propos d'aviser à la réalisation du dernier fait, par suite de l'insufisante capacité de l'édifice actuel, nous reconnaissons qu'il serait aussi à propos de construire un clocher nouveau qui fut assez élevé, pour que le son des cloches put être entendu de toute la ville, que la sacristie actuelle devrait être remplacée par deux autres pièces suffisantes aux besoins du culte, il nous reste à reconnaître les voies et moyens propices à prendre afin de tâcher, dans un temps donné, d'emmener à bonne fin la réalisation de cet important projet.

J'ai pensé cependant devoir encore insister sur un autre ordre de raisonnement et de calcul tendant au même but vers lequel je vise; mes preuves seront presque mathématiques.

Nous avons reconnu précédemment quel est le nombre de personnes qui trouvent place sur les chaises à demeure tant dans l'intérieur de l'église et de la chapelle du Rosaire que dans les avenues, voyons maintenant quel peut être le nombre de personnes que peuvent en comporter ces même lieux d'après leur surface, et suivant la quotité de l'espace déterminé d'ordinaire pour un individu, il se trouvera assurément que le dernier nombre sera encore inférieur au précédent.

Calculons à cet effet, la grande nef a en longueur 36 mèt. et en largeur un peu moins de 8 mètres; or, 36 multiplié par 8 donnent 288 mètres; la chapelle du Rosaire a en longueur 18 mètres et en largeur 7 mètres; 18 multipliés par 7 donnent 126 mètres; ces 126 ajoutés aux 288 font ensemble 414 mètres. Or comme il est reconnu que dans les lieux de grande réunion il faut que chaque personne occupe trois quarts de mètres pour ne se trouver point pressés par les voisins et qu'en ajoutant le quart de 414 à ce même nombre de 414, l'on aura le total de 518 qui sera le nombre de personnes qui peuvent trouver place suffisante dans la grande nef et la chapelle, et encore de ce nombre il en faudrait défalquer une quarantaine et même plus, pour que les avenues restassent passablement libres, une vingtaine dont la place est dévolue aux autels latéraux et aux confessionnaux, ce qui reduirait le nombre de places à 450, nombre moindre que le quart de la population Callaisienne.

En calculant d'après le même point de départ la surface de la vieille tribune et la partie de la nouvelle tribune d'où l'on peut avoir vue sur la grande nef, il se trouverait aussi une reduction dans le nombre de personnes estimées, ci-dessus, et cette réduction serait telle que je puis assurer que cent cinquante personnes pourraient à peine s'y loger. Le nombre de 600 serait donc par suite celui des personnes qui peuvent se placer avec quelque aisance dans l'intérieur de l'église de Callas, d'où il faut conclure que cette église ne peut guère admettre qu'un tiers de la population totale.

Des voies et moyens préliminaires propres à prendre pour amener et décider la reconstruction de l'église de Callas, celle d'un nouveau clocher, et d'une sacristie, dans un temps donné.

Je dois repondre d'abord à la remarque qui pourait m'être faite, que l'église quoique insuffisante en contenance pour les besoins de la population, a cependant suffi jusqu'à présent, que puisque l'on s'en est contenté si long-temps, on peut continuer à laisser les choses dans l'état. Oui à la rigueur cela peut-être, mais non sans qu'il s'ensuive tous les fâcheux résultats signalés précédemment et ceux que nous signalerons encore.

Je dirai donc, sur ce, que si nos pères s'étaient contentés de raisonner de cette manière, nous en serions encore à la partie première de l'église, propre tout au plus, à admettre un sixième de la population actuelle, que ni l'augmentation faite il y a deux cents ans, par laquelle l'église se trouve doublée en sa longeur, ni celle de la chapelle du Rosaire qui remonte à quatre-vingt ans, n'existeraient pas non plus.

Et nous voudrions marcher en sens inverse des traces et des exemples de nos pères; si à la suite de temps bien malheureux il nous arriva de nous en écarter, de nous égarer même, pourquoi ne reviendrions nous pas à leurs errements; oui nous tendons à y revenir. L'esprit religieux ,

je dirais mieux l'esprit catholique après avoir sommeillé, se
réveille de toute part; pourrions nous ne pas céder à son
impulsion et dans une occasion donnée; celle surtout si
solemnelle de la reconstruction d'une église, ne pas nous
laisser aller à tout l'élan qui en est la conséquense naturelle.

La première question qui se présente à discuter me paraît devoir être relative au choix d'un emplacement favorable. Là dessus tout nous conduit à penser que l'église doit
être reconstruite à peu près là où l'église actuelle se trouve;
vainement l'on chercherait autre part, hors la ville comme
dans son enceinte, un emplacement convenable, et sup-
posez que l'on put en trouver un, il en coûterait beauconp
d'argent surtout s'il fallait le trouver au milieu des mais-
sons existantes.

Il existe des études faites à ce sujet par deux personnes
entendues dans la partie, à la suite desquelles il a été reconnu qu'on ne devrait pas s'écarter des lieux occupés
par l'église existante; ou de ses environs, et que l'emplacement le plus propice devrait repondre en partie à l'en-
cien cimetière. La direction en serait seulement changée,
au lieu que la longueur de l'église actuelle va de l'ouest à
l'est, la nouvelle église aurait sa direction du midi au nord,
l'orientation serait à la vérité par là détruite, mais en com-
pensation elle se trouverait dégagée de toute construction
et placée au milieu d'un espace libre assez vaste, à travers
lequel on pourrait circuler librement au tour.

L'emplacement de l'église étant fixé, les raisons qui mi-
litent en faveur de la reconstruction de l'église, se trouvant appréciées et approuvées; il nous reste à nous acquit-
ter de la principale partie de notre tâche, il nous reste à
reconnaître quels sont et quels pourraient être les voies ou
moyens pécuniaires et autres au pouvoir de la fabrique,

propres à amener la réalisation de l'œuvre en question.

Il n'est guère possible, à cet effet, de s'adresser à la Commune, son impuissance est connue, engagée dans des procès divers et des constructions qui absorberont, par avance, durant des années, ses ressources, toute demande à elle faite sur le sujet dont s'agit resterait sans résultat, à moins que dans un élan de bonne volonté on ne se décidât à imiter l'exemple d'une commune voisine, celle de Figanières, qui ayant à reconstruire son église, prit le parti décisif de s'imposer des centimes additionnels.

Le parti le plus sûr me paraît donc devoir être de s'en tenir aux ressources de la fabrique, de recourir, par exemple, à une souscription volontaire, d'élever le prix des chaises à demeure de l'église : il est vrai que l'on se trouvera, par suite, fort en dessous de la somme nécessaire, qu'il faudra bien des années pour que les moyens pécuniaires provenant du fait susdit, joints aux économies à faire chaque année par la fabrique aux intérêts que produiraient toutes les sommes diverses placées sur les fonds publics puisse former la somme de soixante mille francs, minimum nécessaire pour commencer à mettre la main à l'œuvre.

Mais la marche bonne à suivre serait ouverte et ce serait un grand pas de fait, et ne le fut-elle pas pour la première fois lorsque Monsieur de Beaujour légua à la fabrique de Callas quinze cents francs de rente annuelle. En effet, cette somme jointe chaque année aux revenus propres à l'église, à laquelle se joindrait aussi le revenu des chaises doublé par le nouveau taux, double du taux actuel, pourrait atteindre à la somme de trois mille francs. Or, le tiers de cette somme pouvant, à la rigueur suffire à couvrir les dépenses courantes et annuelles de la fabrique, il se trouverait que les deux mille francs restants seraient à capitaliser

chaque année, que leurs intérêts et subséquemment les intérêts des interêts seraient aussi à capitaliser annuellement,
ce qui déterminerait une marche progressive de l'augmentation du capital fondé sur le fait si connu de l'effet de l'intérêt des intérêts.

Le point essentiel, celui du départ, est donc de commencer au plutôt la mise des fonds disponible sur l'état :
l'œuvre a environ quatre mille francs disponibles, fruit de
ses économies ; au quatre pour cent ils produiraient la première année cent soixante francs, à la deuxième année on
y adjoindrait les deux mille francs des économies annuelles·
plus les intérêts des intérêts, ce qui se repèterait chaque
année, selon les mêmes vues et dans le même but, jusqu'à
ce que l'on se trouvat avoir à sa disposition une bonne partie de la somme nécessaire pour mettre à exécution la grande
tâche de reconstruire l'église. Déterminons maintenant le
nombre d'années jugées nécessaires pour amener ce grand
résultat.

Il n'entre point dans ma pensée de présenter un calcul
rigoureux à ce sujet ; seulement j'énoncerai qu'il m'a paru
fondé en vérité par un calcul approximatif, que la première
mise en inscription de rente sur l'état, ou sa valeur confiée
à la caisse des dépôts et consignations et subséquemment,
la seconde mise et les suivantes montant chacune à deux
mille francs, plus la mise des intérêts et celle de l'intérêt
des intérêts, jusques et y compris la dernière mise de la
seizième année, s'élèveraient à la fin de cette année là à la
somme de quarante quatre mille francs. C'est déjà beaucoup,
comme l'on voit, mais pourtant il s'en faut encore de seize
mille francs pour obtenir la somme de soixante mille
francs, total qu'il faudrait atteindre avant de donner l'essor
aux travaux préparatoires.

Et quel moyen propice pourrions nous indiquer, tant pour se procurer cette somme que pour déterminer que cela puisse s'opérer dans l'espace de seize ans ou dans un moindre temps? Nous ne voyons d'autre parti efficace que celui d'une souscription ouverte parmi les habitans de Callas dans la vue de se procurer par là au moins la somme de dix mille francs.

La somme est forte, mais elle n'est pas au-dessus des moyens, des efforts et de la bonne volonté des Callaisiens; il s'agit de commencer : la souscription serait ouverte pour la quotité, en être payée dans deux ans révolus et en deux fois, à dater du moment déterminé. Cela étant, avec l'aide de Dieu qui bénit les récoltes suivant que nous méritons qu'il soit plus ou moins fovorable à nos vœux, qui pourrait mettre en doute que la souscription ne fut remplie et ne tournat à l'honneur des Callaisiens, et qu'en résultat subséquent, la somme de dix mille francs de la souscription ne produisit par l'action des intérêts des intérêts durant seize années, la somme de seize mille francs, ce qui joint à la somme indiquée ci-dessus pourrait ou devrait atteindre un total de soixante mille francs.

Il est d'autres ressources qui pourraient aussi, selon moi, être fort importantes; ce serait entr'autres celles de legs pieux faits à l'intention expresse de la reconstruction de l'église de Callas. Quant il s'agit de coopérer à une œuvre pieuse, à une œuvre propre à influer en bien sur le salut des âmes, quel serait le Callaisien, à son lit de mort, qui ne voudrait contribuer à en assurer le succès par un legs quelconque, plus ou moins, n'importe, celui qui a plus donne plus, celui qui a moins donne moins, aux yeux de Dieu qui scrute au fond des cœurs, le motif et le but sont tout. Qu'on se rappelle qu'aux yeux de Jésus-Christ le dé-

nier de la veuve qui se privait du nécessaire en le déposant dans le tronc du temple fut jugé de plus grande valeur que le don du riche qui ne donnait que de son superflu.

Mais si la ressource des legs pieux, ressource qui pourrait décider un espace plus circonscrit que celui de seize ans dans l'obtention des moyens propres à réaliser plutôt la reconstruction de l'église est à peu près assurée, si ses effets doivent être tels qu'il est à désirer qu'ils soient, rien de positif cependant ne se présente pour déterminer un temps plus ou moins court que celui de seize ans indiqué. Notre calcul précédent reste donc le même.

Il en est ainsi à peu près d'une autre espérance; nous l'énonçons non comme positive, mais comme probable : la fabrique aura à manifester sa reconnaissance envers M. Verrion-d'Esclans, fondateur d'une école de garçons, dans Callas, sa ville natale, comme aussi à l'égard de M. Félix de Beaujour, bienfaiteur de l'hospice de Callas et fondateur dans ce pays d'une école de filles, en consacrant à leur souvenir dans l'enceinte de la nouvelle église un monument funéraire et n'est-il pas à croire qu'une conséquence de cette résolution pourra être de porter les proches de ces deux estimables personnages à concourir par leur munificence à réaliser ce dessein comme à assurer le succès du projet antérieur.

J'ai parlé de la nécessité de porter le revenu annuel de la fabrique à trois mille francs par le doublement de la location des chaises à demeure : au lieu de un franc vingt-cinq centimes ce sera deux francs cinquante centimes que l'on devra payer; c'est la seule voie à suivre pour que la fabrique puisse mettre en reserve annuellement deux mille fr. et faire face aux dépenses annuelles de rigueur avec les mille francs restant. C'est le point vital de la question :

voilà pourquoi ayant à traiter de cette augmentation du prix des chaises, il me paraît à propos d'insister encore sur le motif de cette démarche.

Cette mesure, Messieurs, aura j'espère votre aprobation, mais il pourra n'en être pas de même auprès de bien d'autres personnes ; c'est pourquoi je pense devoir prévenir leur objection en leur faisant mes observations : la location des chaises à 1 franc 25 centimes est la moindre qui se paie partout dans les églises ; cela revient pour les cinquante-deux dimanches et les fêtes à environ deux centimes chaque s'il ne s'agit que de la messe et un centime s'il s'agit des vêpres et de la messe. Or ce taux est si minime que son doublement se trouvera encore bien bas, si on le compare à ce qu'on paie pour une chaise, dans les églises où il n'y a que des chaises mobiles. En effet, dans ce cas, on paie cinq cent. pour la messe et cinq centimes pour les vêpres, c'est donc dix centimes pour chaque dimanche, ce qui est le double de ce que l'on paie, là ou le taux des chaises à demeure est fixé à 2 francs 50 centimes qui est le taux que nous proposons.

Ces faits sont avérés, ils se passent même en partie au sein de l'église de Callas, où les personnes qui, n'ayant pas de chaises à demeure, sont refoulées autour du tambour de l'église et obligées de payer la chaise mobile au prix de cinq centimes. Le privilége est donc patent pour ceux qui, jouissent de l'avantage des chaises fixes et ne peut manquer d'être vu de mauvais œil, comme on le conçoit par ceux qui, ne pouvant obtenir de chaises à demeure, sont obligés de donner cinq centimes chaque dimanche pour la messe et au moins la moitié pour les vêpres.

Et c'est là une des principales raisons qui doivent porter à reconstruire à plein l'église de Callas ; par là, plus tard,

il n'existera plus de privilége et l'orsqu'on se trouvera au
large dans la nouvelle église, l'on sentira combien il était
à propos et urgent de préparer les voies et les moyens
propres à décider ce grand résultat ; et qui empêchera,
dans ce temps, d'abaisser de nouveau le prix des chaises ?
Aucune raison décisive puisque l'église se trouvant à son
aise par la munificence de son bienfaiteur, pourra de nouveau faire face à ses dépenses courantes à l'aide de ses ressources ordinaires. L'augmentation du prix des chaises ne
serait donc pas temporaire, et quand il doit en résulter un
si grand effet, on aurait certes mauvaise grâce à reculer
devant un aussi petit sacrifice que celui de un franc vingt-
cinq centimes par année.

Ici devrait se terminer l'exposé de mes observations et de
mes vues dans le but en question ; mais, en un sujet pareil
l'abondance des raisons à l'appui ne me paraissant pas
devoir être nuisible, je pense devoir insister et je poursuis.

Raisonnons sous un autre aspect d'opportunité de la mesure, supposons qu'il ne soit pas donné suite à ma proposition, quelles en devront être les suites, sera la première
demande à faire ? Comme la seconde devra être, à quoi
emploira-t-on les économies annuelles de la fabrique, qui
peuvent être considérables ? Sera-ce à orner l'église, à construire des autels, à la badigeonner, à la peinturer même ;
mais quel effet cela produira-t-il dans une église étroite au
point qu'elle n'a guère plus de sept mètres de largeur sur
une longueur de trente-cinq mètres, non compris le sanctuaire qui n'en a guère que quatre à cinq, dans une église
obscure par le fait seul de sa construction matérielle, où
l'espace qui devrait être libre au devant des autels est en-
combré de chaises, où le grand autel placé en avant de ce
qu'il était autrefois, occupe tellement tout le sanctuaire,

que le sanctuaire à proprement parler n'existe plus, où la chapelle latérale, celle du Rosaire, n'offre qu'une voûte surbaissée sur un espace circonscrit à tel point, qu'elle se trouve écrasée, d'un aspect désagréable et tel que l'on croirait être dans une cave.

Je sais bien que l'habitude rend supportable ce qui ne l'est pas à la première vue, mais qu'une personne qui peut y voir avec des yeux capable de quelque goût vienne à apprécier ce qu'il en est, sous tous les rapports, son opinion ne se ferait pas attendre et la question serait résolue dans un sens opposé à la pensée de conserver l'église dans l'état. Et si à ces considérations plus ou moins artistiques, on veut y joindre toutes celles que nous avons déjà signalées, telle que le dessein d'obtenir une église plus spacieuse, plus appropriée aux aises et besoins des habitans de Callas, serait-ce trop présumer de ma part que d'être conduit à penser que tous les vœux de nos compatriotes concourront tous à la même fin.

Et si nous devions nous appuyer sur toutes les raisons morales et religieuses propres à faire prévaloir le projet de la reconstruction de notre église, combien ne s'en présenterait-il pas d'analogues à celles que nous avons déjà fait connaître ou pressentir, toutes plus propres à décider la question pour l'affirmative, mais mes développemens se multiplient sous ma plume, je dois me renfermer à dire, que partout et dans tous les temps, il a été reconnu qu'il est à propos de temps à autre d'offrir aux populations chrétiennes, catholiques, certains faits, certaines circonstances propres à raviver leur foi, à les tirer de l'apathie ou elles peuvent se laisser aller, à les remettre sur la bonne voie, celle qui mène à bien vivre dans ce monde, et à se présenter après notre mort avec confiance aux pieds du souverain

juge; ce sont les missions, les retraites spirituelles, les ju-
bilés, les prédications pour l'avent, celles pour les carêmes
auxquelles viennent coopérer des prêtres étrangers à la pa-
roisse. Mais comment leurs résultats pourront-ils être fruc-
tueux, dans les lieux où l'église ne peut admettre qu'un
tiers de la population dans son enceinte, surtout quand la
plupart des hommes ne peuvent y trouver place, ainsi que
cela arrive dans l'église de Callas.

Il y aura j'en conviens quelques raisons de regret a donner à la destruction de l'église actuelle, en tant que cela a
rapport à l'église primitive, toute bâtie en pierre de taille
extérieurement, à l'intérieur, dans sa voûte en dessus au
dessous, ce qui la rend en quelque sorte analogue à l'église
d'Avignon, l'église des papes durant leur séjour dans cette
ville; ce sera la répugnance que certaines personnes pour-
ront sentir quand il s'agira de détruire une église ancien-
ne, une église du moyen âge, qui fut la manifestation de la
foi de nos pères; comme dans la partie seconde de sa construction, l'on sera porté à voir aussi avec peine le démolis-
sement du grand autel, autel grandiose par rapport à l'é-
glise, qui faisait un tout avec deux autels latéraux sur les-
quels reposaient les reliques des deux patrons du pays,
s'élevait dans son ensemble jusqu'au point culminant de la
voûte et occupait dans sa largeur tout le fond de de l'abside.
Que l'on se représente le grand autel en bois tout doré,
tout sculpté avec des colonnes torses, un entablement en
dessus qui n'est pas dépourvu d'un certain mérite et l'on
concevra facilement ces dispositions d'esprit. Que n'y au-
rait-il pas à dire sur cet autel si l'on devait le décrire dans
son ensemble, mais il faudrait pour cela plus de temps,
plus d'opportunité pour la chose et être plus artiste que je
ne le suis, puisque je ne le suis pas du tout.

Mais toutes les raisons de sympathie pour un monument curieux, selon moi, à bien d'égards ne sauraient prévaloir quand il doit s'agir du salut des âmes, ou du moins de faciliter aux Callaisiens les moyens matériels les plus propres pour les appeler à l'église, leur faire trouver leurs aises et les porter à s'y complaire. C'est ainsi qu'après avoir moi-même abondé dans la pensée que l'église de Callas devait être conservée dans son état, je me suis trouvé conduit par ces dernières considérations à admettre que pour mieux faire, il fallait la reconstruction à plein : je suis persuadé, Messieurs, aurais-je réussi à vous faire entrer dans mon opinion nouvelle, j'aime à l'espérer, mais en tout cas, je ne doute pas que vous ne rendiez justice à la bonté de mes intentions.

Encore quelques mots à l'appui des raisonnements et faits présentés dans mon exposé; qu'il me soit permis d'insister quelques instants encore sur le but et les motifs religieux de l'œuvre que nous conseillons d'entreprendre. Nous sommes chrétiens, nous sommes catholiques, au temps de nos ancêtres, à l'époque du moyen âge, il n'y aurait pas eu hésitation de leur part, ainsi que le prouve le seul aspect de l'église primitive. Eût-il fallut dans ce but manifester notre pensée par un vœu collectif, nous l'eussions fait, nous eussions été même peut être jusqu'à élever notre voix, comme David, et à dire comme ce roi prophète dans son psaume 131 : *Memento domine David........ Je ne rentrerai plus dans mes foyers, je ne m'étendrai plus sur ma couche, je ne livrerai plus mes yeux au sommeil et mon corps au repos jusqu'au moment où j'aurai élevé au Seigneur un temple digne de son nom.*

Mais si au temps présent, tant de foi, tant d'amour, tant de bonnes œuvres, leur conséquence naturelle, nous sem-

blent extraordinaires, suit-il de là que nous en soyons
incapables. Non assurément, le feu sacré de la foi n'est
point éteint en nous, notre religion ne saurait périr, nous
n'avons qu'à faire preuve de quelque bonne volonté par
notre adhésion à la souscription proposée, et bientôt s'élan-
çant de notre cœur, le feu sacré se rallumera en nous, et
nous pourrons être encore ce que furent nos pères, de bons
chrétiens.

Bien d'exemples frappants du reveil de la foi se manifes-
tent à nos yeux, depuis quelques années en des pays divers, dans les grandes villes de France, en Angleterre surtout, dans ce pays où toute manifestation du culte catholique resta proscrite durant cent ans et plus, a cette heure
les conversions du protestantisme au catholicisme y sont de
tous les jours, l'enseignement dans ces deux universités se
dirige vers le même but; des églises catholiques nouvelles
y sont construites de toute part, les aumônes, les dons,
les offrandes, les souscriptions en fournissent les moyens.
Encore quelque temps et ces résultats en deviendront encore plus manifeste, et ce dont sont devenus capables les
protestants Anglais, pourrait-il paraître à des catholiques
de Provence être au-dessus de leur force et de leur bon
vouloir, je ne le pense pas, votre adhésion, Messieurs, aux
propositions que j'ai cru devoir vous faire en sera, je me
flate, la première preuve, celle de nos compatriotes, leur
empressement à correspondre à nos vues en sera la seconde
pour le résultat désiré, la réconstruction de l'église de Callas dans un temps donné en devenir le complément définitif.

Au nom du Père, du Fils, du Saint-Esprit. Ainsi soit-il.

Notes supplémentaires

à certaines parties de l'exposé précédent.

——◆◆◆——

PREMIÈRE NOTE. La reconstruction de l'église de Callas a
pour but principal d'emmener en elle un changement tel
qui puisse y avoir place pour tout le monde, tel que les
hommes et les garçons puissent s'y trouver à leur aise et
avec plaisir; en effet n'est-ce pas là aussi un moyen propre
à les y attirer, à les porter à s'y trouver bien et à décider
les habitans de Callas à se montrer généreux.

Mais ce n'est pas tout, notre pays est à la vérité un pays
sain, l'église placée dans un lieu élevé est saine aussi, surtout depuis qu'on n'enterre plus dans l'ancien cimetière
a elle attenant, et cependant il faut le dire, l'église se trouvant trop petite relativement à la population, il s'ensuit
nécessairement qu'elle devient insalubre, lorsque l'affluence
de monde est trop considérable; pressés les uns contre les
autres, les individus y sont à la gène, on y souffre, on y
étouffe de chaleur, on y est trempé de sueur et puis quand
il faut sortir, les conséquences ne tardent pas à se manifester; ce sont des rhumes, des catharres, des fluxions de
poitrine et des fièvres pour les enfants.

Ce n'est pas au hazard que nous émettons cette assertion, il suffit de remonter vers le passé pour se rappeler qu'en bien d'occasions des faits pareils se sont montrés, par exemple en 1828, à la suite d'une mission, temps où il régna immédiatement après bien de maladies diverses dans le pays dont les suites furent funestes.

Dieu le voulait ainsi, dira-t-on, c'est bien de dire Dieu le veut, mais aussi Dieu veut que nous usions de notre intelligence pour nous mieux conduire physiquement et moralement ; et si l'on vient à penser, près d'un lit d'un pauvre mourant, qu'il a pris le germe de son mal à la sortie de l'église, qui pourrait en ce moment ne pas formuler le vœu, le désir, la volonté de coopérer à la reconstruction de la nouvelle église de Callas et souscrire, dans ce but, pour une somme telle que la souscription à la fin de sa clôture se trouve avoir dépassé la somme de dix mille francs, but auquel il serait important d'atteindre.

Deuxième Note. Dans l'état actuel du sanctuaire, les deux stales des prêtres disposées de chaque côté de l'église adossées au pilier, près et à côté de la sainte table, annulent au moins quatre places de cette dernière, ce qui étant de quatre sur seize à peu près, est un fort grand inconvénient au temps des grandes fêtes, quand les fidèles se présentent en nombre pour communier.

Troisième Note. Parmis les difficultés à prévoir relatives à la reconstruction de l'église de Callas, une des principales sera sans contredit, les embarras qui résulteront pendant trois à quatre ans que devra durer cette reconstruction, de la petite contenance des édifices où l'on pourra dire la messe et célébrer les offices divins, c'est-à-dire de la chapelle de l'hôpital et de celle des pénitents. Il est vrai que l'on devra ouvrir à côté de celle de l'hôpital les deux grandes salles de malades, propres à contenir beaucoup de monde, comme l'on devra disposer en avant de la façade d'entrée de la chapelle des frères pénitents un hangar convenablement fermé, et où les fidèles puissent se placer à l'abri du vent et de la pluie.

Sous un autre point de vue, il devra être obtenu de Monseigneur, la permission du bis des messes, pour les deux prêtres desservant, durant tout le temps de la construction ; une messe de plus faciliterait aux fidèles les moyens d'y assister.

Quatrième Note. En appréciant les résultats de la réserve annuelle, les deux tiers des revenus de la fabrique à placer chaque année sur les fonds publics, comme aussi les résultats des intérêts de ces sommes et ceux des intérêts des intérêts placés aussi dans ces mêmes intentions, je ne me suis point assujetti, comme je l'ai fait remarquer, à suivre des calculs rigoureux, mais seulement assez approximatifs pour que l'erreur qui en pourrait être la suite ne dut pas être considérable.

Toutefois quelqu'un d'exercé dans les comptes ayant bien voulu s'en occuper, je présente ici le résultat de son travail, qui à la vérité n'est pas identique avec le nôtre, parce qu'ayant présumé que l'année 1844 devait s'écouler avant qu'un parti décisif ne fut pris par la fabrique, il a du penser qu'au lieu de quatre mille francs de premier placement de fonds, il pourrait y avoir lieu à ce qu'il fut de six mille francs.

Mais après tout ces deux calculs comme faits et prévus se servent d'appui mutuellement et démontrent que dans

l'un et dans l'autre cas, il devra se trouver qu'après l'espace de seize ans, la fabrique se trouverait avoir en sa pos-
session, ou une somme de quarante-quatre mille francs,
ou une somme de quarante-neuf mille francs suivant le
plus ou le moins de la première mise.

CINQUIÈME NOTE. Le taux des chaises devant être élevé
au double du taux actuel, comme il ne serait pas bien, par
rapport à une diminution de revenant qui s'ensuivrait, si
le dixième prélevé sur l'augmentation était transmis à l'é-
vêché de Fréjus, comme cela se pratique, il devra être re-
clamé auprès de Monseigneur par la fabrique, pour le prier
de décider qu'il n'y aura pas lieu d'étendre ce même pré-
lèvement au rendement de la nouvelle taxe. La demande
étant dans l'intérêt de la religion parce qu'elle est relative
à l'édification d'une église, nul doute que Monseigneur ne
défère à la demande.

SIXIÈME NOTE. J'ai dit que la destruction de l'église an-
cienne pourrait être à regretter sous deux rapports, celui
de l'église primitive et celui du grand maître autel en bois
à colonnes, sculpté et doré. Depuis il m'a été observé que
ce regret pourra s'amoindrir quand à l'autel, en le plaçant
quelque part dans la nouvelle église et dont je parle ici par
mémoire.

SEPTIÈME NOTE. La souscription proposée pourra paraître lourde à quelques uns, par d'autres il sera dit, tout
cela pourrait aller avec de bonnes récoltes, mais autre-
ment.... Eh bien demandez à Dieu et vous obtiendrez.
Qui peut mettre en doute que Dieu veille incessamment
sur l'homme, sa créature, il le peut certainement puisqu'il

est infini, il le doit parce que cela est entré dans ses vues, par la raison qu'il nous a donné la vie; mais à lui toute marche est bonne, l'épreuve, la tentation, la punition, comme sa miséricorde et sa bienveillance. Que dit le prophète Habacuc dans son cantique où il témoigne le châtiment de l'homme par son créateur. *Mentietur opus olivæ, cibum arva decessere.*

Le fruit de l'olivier se déssèche, il tombe, la fertilité des campagnes a fui.

Avis à l'homme qui se préoccupe uniquement de l'obtention matérielle de bonnes récoltes, avis au chrétien qui se laissant abuser par l'idée qu'avec des soins et des peines, on se procure de bonnes récoltes, néglige le point essentiel, oublie d'implorer les secours d'en haut et brave pour ainsi dire la toute puissance de Dieu. L'avis est général, mais il deviendra particulier pour ceux qui se refuseraient, suivant leurs moyens, à participer à la construction d'une église nouvelle digne de Dieu et honorable aux Callaisiens.

HUITIÈME NOTE. J'ai écrit mes notes à peu près au hazard, comme l'idée m'en vient, c'est ainsi qu'en ce moment, je dis encore qu'il est une considération particulière relative au but mis en avant, conséquence d'un fait particulier, qui me parait avoir aussi son importance relative, je vais l'indiquer.

Nous possédons sur les lieux un architecte qui a fait déjà ses preuves de capacité architecturale, tant à Callas qu'à Marseille; à Callas, quant à l'hôpital, à la chapelle du cimetière, à Marseille par des travaux importants, comme l'église des Grotes, quartier du territoire de Marseille et autres, qui déjà a fait des études particulières sur la reconstruction de l'église de Callas, qui saura nous faire, si

nous le désirons, ou une église gothique, ou une église de
la renaissance, et tout cela par le plaisir de servir son pays
et d'être utile à ses compatriotes; l'économie en resultant
ne serait pas peu de chose, on sait que l'architecte prélève
de droit pour son projet le cinq pour cent de la construction dont il a donné le plan et qu'il a dirigé. Notez que l'architecte étant sur les lieux la surveillance et la direction
des travaux sont de tous les instans.

Neuvième Note. Je finis : je crois avoir tout dit en faveur
de l'œuvre à laquelle je prie, Messieurs les fabriciens de
l'église de Callas et tous les Callaisiens, de vouloir bien
coopérer de toutes les forces de leurs vœux; peut être même
pensera-t-on que j'en ai trop dit ; mais que faire, les uns
peuvent se contenter de la somité des raisons, de raisons
majeures, tandis que les petits détails, les petites considérations peuvent avoir une valeur mieux sentie aux yeux de
bien d'autres. Dailleurs quand la mesure est pleine elle est
prête à déborder, et c'est ce que je puis dire où s'est trouvé
la mienne après que je suis entré dans l'appréciation faite
de tous les faits, motifs propres à corroborer la proposition
qui me tient si fort à cœur.

Se rencontrerait-il des motifs propres à déterminer le
renvoi de son éxécution ; je ne le pense pas ou s'il en était,
je soutiendrais qu'ils seraient surmontés plus facilement
qu'on ne serait disposé à le présumer.

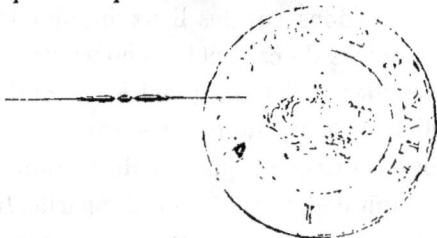